L'E CARNAVAL DE VENISE,

BALLET

REPRESENTE'
PAR L'ACADEMIE
Royale de Musique.

On le vend
A PARIS,
A l'Entrée de la Porte de l'Academie Royale de Musique,
au Palais Royal, ruë Saint Honoré.

Imprimé aux dépens de ladite Academie.

Par CHRISTOPHE BALLARD, seul Imprimeur du Roy
pour la Musique.

M. DC. XCIX.

AVEC PRIVILEGE DE SA MAJESTE'.

ACTEURS DU PROLOGUE.

N Ordonnateur.

MINERVE.

Un Suivant de la Danse.

Un Suivant de la Musique.

Chœur d'Ouvriers.

Troupe de Genies qui président aux Arts.

ACTEURS DE LA PIE'CE.

LEANDRE, *Cavalier François, Amoureux d'Isabelle.*

ISABELLE, *Venitienne, Amante de Leandre.*

LEONORE, *Venitienne, Amoureux d'Isabelle.*

RODOLPHE, *Noble Venitien, Amoureux d'Isabelle.*

Troupe de Bohemiennes, d'Armeniens, & d'Espagnols.

LA FORTUNE.

Troupe de Joüeurs de differentes Nations, Suivants de la Fortune.

Troupe de Castellans, & de Barquerolles.

LE CARNAVAL.

Troupe de Masques.

PROLOGUE.

Le Théatre represente une salle où l'on doit donner un Spectacle, tout y est encor en desordre ; le lieu est plein de morceaux de bois, & de decorations imparfaites, & l'on y voit quantité d'ouvriers qui travaillent pour mettre tout en estat.

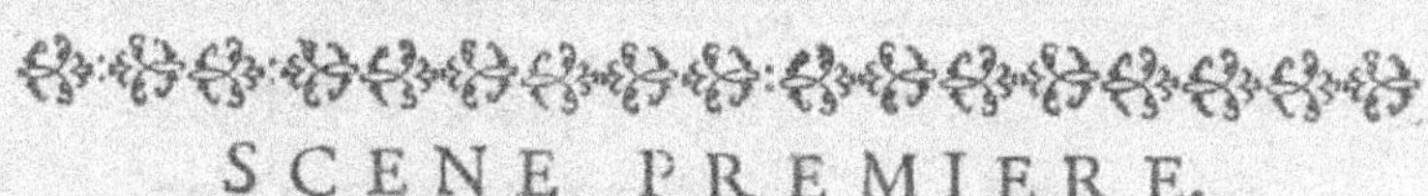

SCENE PREMIERE.

Un ORDONNATEUR.

Astez-vous, préparez ces lieux,
Ne perdez pas des moments précieux.

LE CHOEUR.

Hastons-nous préparons ces lieux
Ne perdons pas des moments précieux.

L'ORDONNATEUR.

Redoublez vos efforts, dépeschez, le temps presse;
Tout accuse vostre lenteur,
On ne peut travailler avec assez d'ardeur
Quand au plaisir on s'interesse.

Hastez-vous, préparez ces lieux,
Ne perdez pas des moments précieux

LE CHOEUR.

Hastons-nous, préparons ces lieux,
Ne perdons pas des moments précieux.

L'ORDONNATEUR.

Quelle divinité s'empresse
A descendre des Cieux,
Minerve paroist à nos yeux.

SCENE DEUXIE'ME.

MINERVE, L'ORDONNATEUR.

MINERVE.

JE quitte sans regret la demeure immortelle,
Pour venir en ce jour
Dans une aimable Cour
Partager les plaisirs d'une feste nouvelle.

PROLOGUE.

Mais quel desordre affreux regne de toutes parts !
Quelle main temeraire
Oste à ces lieux leur éclat ordinaire,
Est-ce ainsi qu'on prétend mériter mes regards ?

L'ORDONNATEUR.

Par nos soins empressez par nostre diligence,
Nous allons satisfaire à vostre impatience
Hastez-vous, préparez ces lieux,
Ne perdez pas des moments précieux.

LE CHOEUR.

Hastons-nous, préparons ces lieux,
Ne perdons pas des moments précieux

MINERVE.

Pour attirer les yeux d'un grand Prince que j'aime,
Vos soins me paroissent trop lents,
Retirez-vous, Ministres negligents,
Je prétends m'employer moy-mesme.

Accourez, Dieux des Arts, embelissez ces lieux :
Qu'à ma voix vostre ardeur réponde,
Servez le fils du plus grand Roy du monde,
C'est un employ digne des Dieux.

SCENE TROISIE'ME.

Les Divinitez qui président aux Arts ; la Musique, la Danse, la Peinture, l'Architecture, &c. viennent à la voix de Minerve avec leurs Suivants, & élevent un Théatre magnifique.

LE CHOEUR.

SErvons le fils du plus grand Roy du monde,
C'est un employ digne des Dieux.

Entrée de Genies qui président aux Arts.

Un SUIVANT de la Musique.

Qu'amour dans nos festes
Fasse des conquestes,
Où ce Dieu n'est pas,
Trouve-t'on des appas.

Venez, cœurs sensibles
Dans ces lieux paisibles,
Il garde pour vous,
Les plaisirs les plus doux.... Qu'amour, &c.

Il cause des larmes,
Des soins des allarmes,

Mais ses biens parfaits,
Nous vangent de ses traits. . . . Qu'amour, &c.

L'ORDONNATEUR.

Les Dieux seuls en ce jour auront-ils l'avantage,
De divertir le Maistre de ces lieux,
Entre les mortels & les Dieux
Il faut que ce bien se partage.

L'ORDONNATEUR, un Suivant de la Musique, & un Suivant de la Danse, ensemble.

Joignons nos voix, nos jeux, & nos desirs.
Que l'on donne aux mortels le soin de ses plaisirs;
Et dans le Temple de Memoire
Les Dieux prendront soin de sa gloire.

Les Genies des Arts recommencent leur Danse.

MINERVE.

Jeunes cœurs échapez à la fureur de Mars,
Venez, venez de toutes parts
Faire au champ de l'amour les moissons les plus belles;
Venez vous délasser de vos travaux guerriers,
Faites icy des conquestes nouvelles,
Les Myrthes quelquefois valent bien les Lauriers.

Celebrez un Roy plein de gloire;
Se trsavaux vous ont fait un repos précieux.

LE CARNAVAL DE VENISE;

Mille exploits éclatants consacrent sa memoire,
Il sçait à ses Drapeaux enchaisner la victoire.
La Paix descend pour luy des Cieux.

LE CHOEUR.

Celebrons un Roy plein de gloire,
Ses travaux nous ont fait un repos précieux.
Mille exploits éclatants consacrent sa memoire,
Il sçait à ses Drapeaux enchaisner la victoire.
La Paix descend pour luy des Cieux.

MINERVE.

Vous qui suivez mes pas, remplissez mon attente,
Montrez par les attraits d'un spectacle pompeux
Tout ce que Venise a de jeux
Dans la Saison la plus charmante.

FIN DU PROLOGUE.

LE CARNAVAL DE VENISE, BALLET.

ACTE PREMIER:

Le Théatre représente la Place S. Marc de Venise.

SCENE PREMIERE.

LEONORE seule.

J'Ay fait l'aveu de l'ardeur qui m'enflame,
L'Amour a vaincu la fierté,
Cet aveu qui m'a tant coûté,
D'un nouveau trouble agite encor mon ame.

Amour, toy qui peus tout charmer,
Pourquoy faut-il ſous ton empire,
Qu'on ait tant de plaiſir d'aimer,
Et qu'on ſouffre tant à le dire?

Je cherche en vain de toutes parts.
Leandre ne vient point s'offrir à mes regards.

Depuis qu'il connoiſt ma foibleſſe,
Je ne voy plus le meſme empreſſement;
Helas! ce qui devroit animer un Amant
Fait bien ſouvent expirer ſa tendreſſe.

Amour, toy qui peus tout charmer,
Pourquoy faut-il ſous ton empire,
Qu'on ait tant de plaiſir d'aimer,
Et qu'on riſque tant à le dire?

Iſabelle paroît, un ſoudain mouvement
Augmente ma crainte fatale:
Ciel! n'eſt-ce point une rivale?
Ah! qu'un cœur amoureux eſt jaloux aiſément.

SCENE SECONDE.

ISABELLE, LEONORE,

ISABELLE.

DAns ces beaux lieux où tout enchante,
Je viens donner quelques moments
Aux jeux, aux ſpectacles charmants,
Qu'icy la Saiſon nous préſente.

LEONORE.

Dans ces ſpectacles, dans les jeux,
Ce n'eſt point cet éclat pompeux,
Qui toûjours nous attire;
Sous ce prétexte dans ces lieux,
L'Amour prend ſoin de nous conduire,
Pour y voir quelque objet qui nous plaiſt encor mieux.

ISABELLE.

Je ne veux point faire un miſtere
De l'amour qui peut m'engager,
J'aime un jeune Etranger,
Et je cherche en ces lieux l'objet qui m'a ſçeû plaire.

LEONORE.

A vous faire un pareil aveu
Cette confidence m'engage,
Et pour un Etranger, j'ay senty naistre un feu,
Que son cœur avec moy partage.

De ses tendres regards je me sens enchanter;

ISABELLE.

A ses discours flateurs je n'ay pû resister;

LEONORE.

Il m'aime d'une ardeur extrême
Il m'a juré de m'aimer constament.

ISABEELLE.

Le tendre Amant que j'aime
M'a fait cent fois mesme serment.

LEONORE.

Apprenez-moy le nom de cet Amant fidelle:

ISABELLE.

Nommez-moy cet objet de vostre amour nouvelle,

Ensemble.

C'est Leandre. Qu'entens-je? ô Dieux!

LEONORE.

Le perfide:

ISABELLE.

L'ingrat:

LEONORE.

Il faut briser nos nœux,
Que mon dépit fasse éclater le vostre,
Il nous abuse l'une ou l'autre.

ISABELLE.

Peut-estre que l'ingrat nous trompe toutes deux.

LEONORE.

Il vient; penetrons dans son ame
Le secret de sa flame.

SCENE TROISIE'ME.

LEANDRE, ISABELLE, LEONORE.

ISABELLE.

PUis-je croire que vostre cœur,
Pour une autre que moy soupire.

LEONORE.

Ingrat, ne m'as-tu pas mille fois osé dire,
Que tu brûlois pour moy d'une sincere ardeur?

LEANDRE.

Quand je vous vois ensemble,
L'Amour qui dans vos yeux, tous ses charmes rassemble,
Est également triomphant ;
Entre deux beaux objets qui tous deux sçavent plaire
Le choix est difficile à faire,
Et l'un de l'autre me deffent.

LEONORE.

Explique-toy sans artifice,

ISABELLE.

Il est temps enfin de parler ;

LEONORE.

Il ne faut plus dissimuler

LEANDRE.

Quelle contrainte ! quel suplice !

De vos tendres regards j'ay senty les attraits,
Je vous aimay, charmante Leonore ;
Mais des yeux plus puissants encore
Ont soûmis mon cœur à leurs traits ;
C'est Isabelle que j'adore
Pour ne changer jamais.

LEONORE.

Ciel! que viens-je d'entendre, & que ma peine est rude.
Oses-tu declarer ton infidelité?

ISABELLE.

En amour bien souvent, un peu d'incertitude,
Flatte plus que la verité.

LEONORE.

Joüis de ta victoire, orgueilleuse Rivale,
Insulte encor à mon malheur;
Et toy, perfide Amant, crois-tu voir dans mon cœur
Dissiper en regrets ma tendresse fatale?
Non ingrat! je prétens que mon courroux égale
Et surpasse encor mon ardeur.
Je veux qu'à ma vengeance offert en sacrifice
L'un ou l'autre perisse,
J'en atteste le Ciel, en ce funeste jour
La haine vangera l'amour.

LEANDRE.

Que ces vains projets de vengeance
Ne servent qu'à serrer nos nœux.

De divers Estrangers une troupe s'avance,
Ecoutons leurs concerts, prenons part à leurs jeux.

SCENE QUATRIE'ME.

Une Troupe de Bohemienes, d'Armeniens & d'Esclavons, avec des guittares vient dans la Place S Marc, prendre part aux plaiſirs du Carnaval.

Une BOHEMIENNE.

Amor amor te'l giuro a ſe
Tuo crudo ſtral non fa più per me

Le Chœur repete ces deux Vers, & les reprend à chaque Couplet.

Un ESCLAVON.

Lungi da me vagha belta,
Non mi giova la crudelta,
Chi vuol ſoſpirar
Può s'inamorar,
Amor non la voglio con te,
Laſcia mio core in liberta.

LE CHOEUR. Amor amor, &c.

L'ESCLAVON.

Grata merce di coſtante fè
Indarno vien a conſolar me
Col foco non voglio più ſcerzar
Amor per me gioco non è
Voglio vider e non auuampar.

LE CHOEUR. Amor, amor, &c.

TRADUCTION

TRADUCTION

des Vers Italiens.

Amour, je t'en donne ma foy
Tes traits ne ſont plus faits pour moy.

LE CHOEUR. Amour, &c.

Loin de moy, ſevere beauté,
Je renonce à la cruauté:
Qui voudra ſoupirer, s'enflame
Plus de commerce, Amour, fuy, laiſſe dans mon ame
Et le calme & la liberté.

LE CHOEUR, Amour, &c.

En vain pour me flater un peu,
La conſtance me montre un prix que je deſire.
L'on ne badine point en vain avec le feu
L'amour pour moy n'eſt pas un jeu,
Je ne veux point brûler ſi je puis, je veux rire.

LE CHOEUR, Amour, &c.

La Troupe continuë les jeux & danse la Villanelle.

Une MUSICIENNE de la Troupe.

Formons s'il est possible,
Les plus doux concerts,
Ce séjour est paisible
Dans le sein des Mers.

Le Chœur repete les quatre Vers precedents à chaque Couplet.

LA MUSICIENNE.

Neptune plus tranquile
Pour flater nos vœux;
Sert dans ce doux azile
De theatre aux jeux.

LE CHOEUR, Formons s'il est possible, &c.

LA MUSICIENNE.

Nous ressentons dans l'onde
Le flambeau d'amour,
Il est plus cher au monde,
Que celuy du jour.

LE CHOEUR, Formons s'il est possible, &c.

On recommence la Danse.

Une BOHEMIENNE.

Tout plaist, tout rit dans ce beau sejour.
Venus y tient sa brillante Cour.

Le CHOEUR repete ces deux Vers à chaque Couplet.

Un ARMENIEN.

Dans ces beaux lieux remplis d'attraits,
L'amour n'a que d'aimables traits,
Tout vient, jeunes cœurs, flater vos desirs;
Si l'Hiver chasse les Zephirs,
Il vous ramene les doux plaisirs.

Le Chœur repete, *Tout plaist, tout rit, &c.*

L'ARMENIEN.

Malgré la glace & les noirs frimats,
Nous ressentons des feux pleins d'appas,
Et les jeux suivent par tout nos pas.
Quel Printemps fait de plus beaux jours?
Au lieu de fleurs il n'aist des amours.

Le Chœur repete, *Tout plaist, tout rit, &c.*

SCENE CINQUIE'ME.

LEANDRE, ISABELLE.

LEANDRE.

Vous brillez à mes yeux d'une grace nouvelle,
Et je brûle pour vous d'une nouvelle ardeur:
La Mere des Amours ne fut jamais si belle,
Tout le feu de vos yeux a passé dans mon cœur.

ISABELLE.

Je crains une Rivale, & mon ardeur fidelle,
Me fait sentir de mortelles terreurs.

LEANDRE.

Ne craignez rien de ses fureurs.

ISABELLE.

Je crains plus de vostre inconstance;

LEANDRE.

Ah! que cette crainte m'offence.

ISABELLE.

Pourquoy vous offencer de la juste frayeur.
Dont je sens les atteintes ;
Les troubles & les craintes,
Sont les premiers effets d'une naissante ardeur.

LEANDRE.

De ce tendre discours que mon ame est ravie.

ISABELLE.

D'un jaloux odieux, je crains la barbarie ;
Si nostre amour éclatoit à ses yeux.
Rien ne pourroit calmer ses transports furieux.

LEANDRE.

L'Amour armé de la constance
Ne craint ni Rivaux ni Jaloux,
Si nos cœurs sont d'intelligence
Rien n'est à redouter pour nous
D'un jaloux importun tromper la vigilance
C'est goûter par avance
Ce que l'Amour a de plus doux.

ISABELLE.

Brûlerez-vous pour moy d'une flame sincere?

LEANDRE.

Pouvez-vous vous connoistre, & me le demander?

ISABELLE.

La conqueste d'un cœur est plus aisée à faire
Qu'elle n'est facile à garder.

LEANDRE.

Bannissez ces allarmes,
Rendez le calme à vostre cœur,
Vos beaux yeux & vos charmes
Vous répondront de mon ardeur.

Ensemble.

Goûtons sans nous contraindre
Les plaisirs les plus doux!
Ah! que pouvons-nous craindre
Si l'Amour est pour nous.

Fin du premier Acte.

ACTE II.

Le Théatre represente la Salle des Reduits de Venise, qui est un lieu destiné pour le Jeu pendant le Carnaval.

SCENE PREMIERE.

RODOLPHE seul.

Vous qui ne souffrez point les peines
Qui déchirent les cœurs jaloux ;
Quelque soit le poids de vos chaisne
Amants ! que vôtre sort est doux.

Deux Tyrans dans mon cœur exercent leur furie ;
L'Amour, le tendre Amour
Y fait naistre la jalousie,

Et mes jaloux transports par un cruel retour
Y font mourir l'amour qui leur donna la vie.

Vous qui ne souffrez point les peines
Qui déchirent les cœurs jaloux,
Quelque soit le poids de vos chaisnes
Amants ! que vostre sort est doux.

SCENE SECONDE.

LEONORE, RODOLPHE.

LEONORE.

MAlgré toute l'ardeur qui regne dans vostre ame,
On vous seduit, on trahit vostre flame.

RODOLPHE.

Ah ! je m'en doutois bien, & mes soupçons jaloux,
M'en avoient instruit avant vous.

LEONORE.

Un autre Amant sans resistance,
Remporte le prix le plus doux,
Que meritoit vostre constance.

RODOLPHE.

RODOLPHE.

Nommez-moy seulement le Rival qui m'offence,
Et laissez agir mon couroux.

LEONORE.

L'affront est égal entre nous
Je veux partager la vengeance.

Un Ingrat me juroit de vivre sous mes loix,
Je me flatois de ce bon-heur extréme,
On se laisse aisément tromper par ce qu'on aime,
Lors que l'on est trompé pour la premiere fois.

A ce perfide Amant Isabelle à sçû plaire,
Et Leandre à ses yeux....

RODOLPHE.

O Ciel! que dites-vous?

Ensemble.

Que l'Amour dans nos cœurs se transforme en colere:
Vangeons-nous, hastons nos coups;
La vengeance qu'on differe
Perd ce qu'elle a de plus doux.

LEONORE.

Et toy, ſors de mon cœur, indigne & foible reſte
D'une impuiſſante ardeur
Ne me parle plus en faveur
D'un perfide que je deteſte.

RODOLPHE.

J'étoufferay la voix d'une pitié funeſte
Qui crie en vain dans le fond de mon cœur.

Enſemble,

Que l'Amour dans nos cœurs ſe transforme en colere;
Vangeons-nous, haſtons nos coups,
La vengeance qu'on differe.
Perd ce qu'elle a de plus doux.

RODOLPHE.

Rien ne peut s'oppoſer à mon impatience,
Allons, courons à la vengeance.

SCENE TROISIE'ME.

La Fortune paroist suivie d'une Troupe de Joüeurs de toutes Nations.

CHOEUR de Suivants de la Fortune.

Suivons tous d'une ardeur fidelle,
C'est la Fortune icy qui nous appelle ;
Son pouvoir peut combler nos vœux.
Tous les biens vollent autour d'elle,
C'est elle qui nous rend heureux.

LA FORTUNE.

Je suis fille du sort, inconstante & legere,
Tout flechit sous ma loy.
De tous les Dieux que le monde revere,
Quel autre a plus d'encens que moy?

Je traisne à mon Char la victoire,
Je brise quand je veux des trônes éclatants ;
Et je puis à tous les instants
Par quelque évenement éterniser ma gloire.

Venez implorer mon secours
Amants, qu'un triste sort accable ;
Je fais naistre à mon gré le moment favorable,
Que sans moy l'on attend toûjours.

Entrée de Suivants de la Fortune.

UN MASQUE.

De tes rigueurs
Ny de tes faveurs,
Fortune inconſtante,
Je ne crains rien, rien ne me tente,
Tout ton pouvoir
Ne fait ni ma crainte ni mon eſpoir.

Le bien qui peut enchanter mon ame,
Eſt de brûler d'une conſtante flâme,
Et d'allumer de ſemblables feux.
Deux yeux
Touchants,
Charmants
Elevent mon ſort aux Cieux,
Sans ceſſe je les implore,
Je les adore,
Ce ſont mes rois, ma fortune, & mes Dieux.

SCENE QUATRIE'ME.

Le Théatre change & repréſente une vûë de pluſieurs Palais ou Balcons. Le reſte de l'Acte ſe paſſe pendant la nuit.

RODOLPHE ſeul.

DE ſes voiles épais, la nuit couvre les Cieux.
Je ſçais que mõ Rival dans l'ardeur qui le preſſe,
Doit icy par ſes Chants exprimer ſa tendreſſe,
Pour l'obſerver, cachons-nous en ces lieux.

Rodolphe ſe retire dans un coin du Théatre.

SCENE CINQUIE'ME.

Leandre conduisant une Troupe de Musiciens pour donner une Serenade à Isabelle.

Doux charme des ennuis, & des peines pressantes
Favorable divinité,
Sommeil! qui dans la fausseté
De tes illusions charmantes
Nous fait goûter la verité
De cent douceurs les plus touchantes.
Vient verser sur cette beauté.
De tes pavots les vapeurs les plus lentes,
Et fais que son cœur enchanté,
Joüisse du repos que ses yeux m'ont osté.

Les Musiciens se joignent à Leandre, & chantent le Trio Italien qui suit.

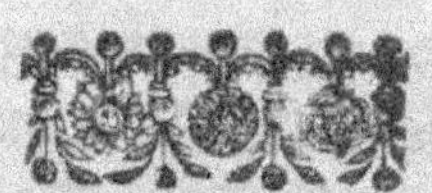

TRIO ITALIEN.

Luci belle dormite
Deh! per pieta un momento cessate
Con i dardi
Di vostri sguardi
Di rinovar al cor le mie ferite.

Leandre appercevant quelqu'un au Balcon d'Isabelle.

L'Amour me favorise, & je vois dans ces lieux
Une clarté nouvelle,
N'en doutez point mes yeux,
C'est l'Aurore, ou c'est Isabelle.

SCENE SIXIE'ME.

ISABELLE sur un Balcon.

MI dice la speranza
Ch'il tormento
In contento
Si cangera
Tra le spine n'ascosa
Si trova la rosa
Fra le pene amor trionfera.

TRADUCTION

du Trio Italien.

Dormez beaux yeux, dormez ſans craintes,
Et ceſſez un moment avec vos traits vainqueurs
De renouveller les atteintes,
Dont vous percez les cœurs.

TRADUCTION

De l'Air Italien.

L'Eſperance me dit que nos peines mortelles
Se changeront en des plaiſirs charmants
Parmy les épines cruelles
On voit les roſes les plus belles,
L'amour doit triompher au milieu des tourments,

LEANDRE.

Quelle felicité peut égaller la mienne.

Il faut quitter ce lieu charmant,
Un jaloux s'endort avec peine,
Mais il se réveille aisément.

SCENE SEPTIE'ME.

RODOLPHE sortant du lieu où il estoit caché.

Je me suis fait trop long-temps violence
Je ne puis plus cacher mes transports furieux;
Où est donc cet audacieux?
Mais il fuit en vain ma présence
Avant que le Soleil paroisse dans ces lieux
Les Ministres de ma vengeance,
Esteindront dans son sang ses feux injurieux

SCENE

SCENE HUITIE'ME.

ISABELLE.

ISABELLE croyant parler à Leandre.

JE cede à mon impatience,
Et tandis que la nuit triomphe encor du jour,
Cher Leandre ! je viens conduite par l'Amour
Vous dire de mes feux toute la violence.

Quel plaisir de tromper & les soins & les yeux,
D'un jaloux importun qui m'obsede en tous lieux !

Que je le hays ! que son amour me gesne ;
Rien n'est comparable à la haine
Que je ressens pour ce jaloux,
Que l'amour violent dont je brûle pour vous :

RODOLPHE.

Ingrate,

ISABELLE.

Ah Ciel !

Ma voix t'estonne.
Je sçais les trahisons où ton cœur s'abandonne.

ISABELLE.

Si le sort trahit vostre espoir
C'est a vous qu'il faut vous en prendre,
Pourquoy che chez-vous à sçavoir
Ce qu'on ne veut pas vous apprendre?

RODOLPHE.

O Dieux!

ISABELLE.

Ne m'aimez plus, rompez, rompez des nœux,
Qui ne sçauroient vous rendre heureux.

RODOLPHE.

Puis-je briser la chaisne qui m'accable,
Mon cœur par vos attraits s'est trop laissé charmer,
Si vous ne voulez pas m'aimer
Souffrez du moins que je vous trouve aimable.

Je veux vous adorer malgré moy, malgré vous;
J'espere que le temps rendra mon sort plus doux.

ISABELLE.

Dans mes yeux vous avez pû lire
Le sort que vous gardoit mon cœur:
Jamais d'aucun regard flateur
Ay-je entrepris de vous seduire?
Ah! quand on ressent quelque ardeur,
Les yeux sont ils si long-temps à le dire!

RODOLPHE.

Pour rendre le calme à mes ſens
Et pour payer l'amour dont mon ame eſt atteinte,
Dites que vous m'aimez, trompez-moy, j'y conſens,
Cette fauſſe pitié, cette cruelle feinte,
Peut-eſtre calmeront les tourmens que je ſens.

ISABELLE.

C'eſt une peine quand on aime
D'avoüer un penchant qu'on trouve plein d'appas,
Ce ſeroit un ſupplice extrême,
De declarer des feux que l'on ne reſſent pas.

RODOLPHE.

Mon tendre amour, de voſtre haine,
Ne ſera-t'il jamais victorieux?
Vous gardez le ſilence; inſenſible, inhumaine.

ISABELLE.

L'Aurore va paroiſtre, il faut quitter ces lieux.

SCENE NEUVIE'ME.

RODOLPHE ſeul.

POur trouver un Amant qu'en vain ton cœur adore
La nuit n'a point d'horreur pour toy ;
Et tu crains avec moy
Le retour de l'Aurore:
Va, cours, chercher ce Rival odieux,
Qui de ton cœur s'eſt rendu maiſtre,
Tes mépris trop injurieux
Eſtouffent tout l'amour que j'ay pris dans tes yeux.
Mais mon juſte dépit te fera bien connaiſtre
Que ſi je ſçais aimer, je hays encore mieux.

Fin du ſecond Acte.

ACTE III.

Le Théatre représente une Place de Venise environnée de Palais magnifiques, où se rendent quantité de Canaux couverts de Gondoles.

SCENE PREMIERE.

LEONORE seule.

Ransports de vengeance & de haine,
Succedez à l'Amour qui regnoit dans mon cœur
Mon ingrat va perir & sa mort est certaine,
Peut-estre en ce moment une main inhumaine....
Je tremble .... je fremis d'horreur;

Barbares... arrestez... vostre fureur est vaine,
L'ingrat que vous percez cause encor ma langueur,
Transports de vengeance & de haine
Ne chassez point l'amour qui flatte encor mon cœur.

Mais, il vit pour un autre! une pitié soudaine
Doit-elle s'opposer à mon dépit vangeur?
Ministres qui servez le courroux qui m'entraîne,
Frapez... & qu'en mourant cet infidelle apprenne,
Que je l'immole à ma fureur.

Transports de vengeance & de haine,
Succedez à l'amour qui regnoit dans mon cœur.

SCENE SECONDE.

RODOLPHE, LEONORE,

RODOLPHE.

A La fin vous estes vangée:
J'ay servy le juste transport
De nostre tendresse outragée;
Vostre ingrat ne vit plus, & mon Rival est mort.

LEONORE.

Il eſt mort ! juſtes Dieux ! ma bouche impitoyable
A prononcé l'arreſt de ſon trépas.
Qu'ai-je fait, malheureuſe, helas !

RODOLPHE.

Il ne vit plus : & le Ciel redoutable
S'il reſpiroit encor ne le ſauveroit pas.

LEONORE.

Tu l'as ſouffert, ô Ciel ! & ta main équitable
Ne punit point ces attentats :
Que fais-tu ? qui retiens ton bras ?
Lance ta foudre épouvantable
Sur ce traiſtre, ou ſur moy, fais voler ſes éclats,
Tu ne ſçaurois manquer de fraper un coupable.

Enſemble.

LEO....... *C'eſt toy qui luy perces le cœur.*
RODOL... *C'eſt vous qui luy percez le cœur.*

LEONORE.

Cruel, dis-moy quel eſt ſon crime ?

RODOPHE.

Vous demandiez une victime.

Ensemble.

LEO ...... *Devois-tu croire mon ardeur?*
RODOL... *Deviez-vous armer ma fureur?*
LEO....... *C'est toy qui luy perces le cœur.*
RODOL... *C'est vous qui luy percez le cœur.*

RODOLPHE.

Calmez les déplaisirs dont vostre ame est saisie;
Pour oublier leur perfidie
Aimons-nous, unissons nos cœurs,
Et qu'un amour formé de nos communs malheurs
Soit le fruit de la jalousie.

LEONORE.

Que je m'unisse à toy,
Monstre sorty de l'infernal empire!
Va.. fuy.. je fremis d'effroy
Que le jour que je voy
Que l'air que je respire,
Me soient communs avec toy.

SCSENE

SCENE TROISIE'ME.

RODOLPHE.

Laissons de ses regrets calmer la violence.

On entend un bruit de réjoüissance.

Mais le party victorieux
Du combat que le peuple a donné dans ces lieux
Vient montrer sa réjoüissance.

Allons faire sçavoir à l'objet qui m'offence
Un trépas dont son cœur sera saisi d'effroy:
Je pers le prix de ma vengeance,
Si l'ingrate l'apprend d'un autre que de moy.

SCENE QUATRIE'ME.

Divertiſſement de Caſtellans & de Barqueroles, avec le Fifre & le Tambourin.

Les Caſtellans & les Nicolores ſont deux partis opposez dans Veniſe, qui donnent pendant le Carnaval pour divertir le Peuple un combat à coups de poings pour ſe rendre maîtres d'un Pont. Le party victorieux ſe promene dans toute la Ville, avec des cris de joye & des acclamations publiques.

UN CHEF DE CASTELLANS.

Nous triomphons ſur les eaux ſur la terre,
Nous meſlons dans nos jeux l'image de la guerre.
Meſlons auſſi dans ce beau jour,
Qui nous comble de gloire,
Des Chanſons d'amour
Aux Chants de victoire,
Des Chanſons d'amour
Au Son du Tambour.

LE CHOEUR.

Nous triomphons sur les eaux sur la terre,
Nous meslons dans nos jeux l'image de la guerre.
Meslons aussi dans ce beau jour,
Qui nous comble de gloire,
Des Chansons d'amour
Aux Chants de victoire,
Des Chansons d'amour
Au Son du Tambour.

Des Castelans & des Castelanes témoignent par leur Danse la joye qu'ils ont de leur victoire.

UNE CASTELANE.

Entre la crainte & l'esperance,
Sur le sein de Neptune on est à tous moments,
L'empire de l'amour n'a pas plus de constance,
Et l'on y voit floter sans cesse les Amants
Entre la crainte & l'esperance.

Le Party victorieux recommence sa Danse.

UN BAQUEROLE.

Embarquez-vous
Amants, sans faire resistance.
Embarquez-vous,
L'empire de l'amour est doux.

C'est une mer toûjours sujette à l'inconstance
Que quelque orage à tout moment vient agiter,
Malgré ces maux le calme de l'indifference
Est encor plus cent fois à redouter.

Entrée de Gondoliers & de Gondolieres.

LE CHOEUR.

Tout rit à nos desirs,
Ne songeons qu'aux plaisirs
Que le vent gronde,
Que la mer souleve les flots,
Que le Ciel en feu leur réponde
Nous goûtons icy le repos.

SCENE CINQUIE'ME.

ISABELLE seule.

MEs yeux, fermeZ-vous à jamais,
Ou ne vous ouvrez plus que pour verser des larmes.

Le jour est pour moy desormais
Un sujet de peine & d'allarmes.

Mes yeux, fermez-vous à jamais,
Ou ne vous ouvreZ plus que pour verser des larmes.

Je suis coupable de vos charmes,
J'ay trop fait briller vos attraits,
Et je veux par les mesmes armes
Me punir des maux que j'ay faits.

Mes yeux, fermeZ-vous à jamais,
Ou ne vous ouvreZ plus que pour verser des larmes.

Mais que servent, helas! ces regrets superflus?
Cher Leandre tu ne vis plus.

Quand tu descends pour moy dans la nuit éternelle,
Doit-il m'estre permis de voir encor le jour?
Non, non! pour me rejoindre à cet Amant fidelle
La plus affreuse mort me paroistra trop belle.
Et ce fer doit ouvrir un chemin à l'Amour.

Elle tire son Stilet pour s'en fraper.

SCENE SIXIE'ME.

LEANDRE, ISABELLE.

LEANDRE, luy arrestant le bras.

Ciel! que voulez-vous entreprendre?

ISABELLE

Dois-je en croire mes yeux? est-ce vous, cher Leandre?

LEANDRE.

Quelle aveugle fureur vous arrache le jour?

ISABELLE.

Le bruit de vostre mort causoit seul mes allarmes.
Mon sang versé mieux que mes larmes
Vous alloit prouver mon amour.

LEANDRE.

Quoy ! vous mourriez pour moy ? Dieux ! quelle barbarie,
De vostre sort hastoit le cours ?
Helas ! toute ma vie
Ne vaut pas un seul de vos jours.

Un jaloux que la rage anime
Vient de faire éclater son barbare couroux,
Il a porté les mains sur une autre victime,
Et la nuit & l'amour m'ont sauvé de ses coups.

ISABELLE.

Je revois enfin ce que j'aime,
L'excés de mon bon-heur peut-il se concevoir ?
Je crains que le plaisir extréme,
Que je sens à vous voir
Ne fasse sur mes jours l'effet du desespoir.

LEANDRE.

Vivons pour nous aimer, vivons malgré l'envie,
Nous triomphons des jaloux & du sort ;
Que nostre crainte soit suivie
Du plus tendre transport.
Aimez-moy, tout vous y convie :
Si vous vouliez donner vostre sang à ma mort,
Helas ! que pourriez vous refuser à ma vie ?

Ensemble.

Suivons nos doux emportements,
Aimons-nous d'une ardeur nouvelle,
Quand l'amour au jour nous rappelle,
Nous luy devons tous nos moments.

LEANDRE.

Fuyons un lieu funeste a de tendres Amants.

ISABELLE.

Je fais mon bon-heur de vous suivre,
Je vous allois chercher dans le sein du trépas,
Lorsque pour moy l'amour vous fait revivre,
Qui pourroit m'empescher de voler sur vos pas?

LEANDRE.

On doit donner au peuple en ce jour favoroble
Un spectacle où d'Orphée on retrace la Fable,
Un Bal pompeux doit suivre ces plaisirs,
Le tumulte & la nuit serviront nos desirs.
Je vais en ce lieu vous attendre,
Un Vaisseau par mes soins dans le port va se rendre
Pour nous porter en des climats plus doux,
Où nous pourrons braver la fureur des jaloux;
Et goûter les douceurs de l'hymen le plus tendre,

Pendant que les Violons joüent l'entre-Acte, on voit descendre un Théatre fermé d'une toille, qui occupe toute l'étenduë du premier. Ce qui reste d'espace jusqu'à l'Orquestre contient plusieurs rangs de Loges pleines de differentes personnes placées pour voir un Opera.

FIN DU TROISIÉME ACTE.

ORFEO

ORFEO nell' Inferi.

OPERA.

Personaggi.

PLUTONE.

ORFEO.

EURIDICE.

Un OMBRA.

Coro di numi infernali.

Coro di foletti.

ORPHE'E aux Enfers.

OPERA.

Acteurs.

PLUTON.

ORPHE'E.

EURIDICE.

Un OMBRE.

Trouppe de divinitez infernales.

Trouppe d'esprits folets.

ORFEO NELL' INFERI, OPERA.

Il Theatro rapresenta la Regia di Plutone.

SCENA PRIMA.

PLUTONE fra numi infernali.

TArtarei Numi all' armi, all' armi.

CORO.

All' armi, all' armi.

ORPHÉE AUX ENFERS, OPERA.

Le Théatre represente le Palais de Pluton.

SCENE PREMIERE.

PLUTON au milieu d'une Trouppe de divinitez infernales.

Dieux des Enfers, aux armes.

LE CHOEUR.

Aux armes, aux armes.

PLUTONE.

Un Mortal insolente
Al dispetto della sorte
Passa vivo nel regno d'ella morte
Per turbar mi
all' armi.

Freme il Tartaro,
Geme l'Erebo,
Stride Cerbero.
Tartarei Numi,
all' armi.

CORO.

All' armi, all' armi.

Si sente Zinfonia pianissima.

PLUTONE.

Ma qual nuova Armonia?
Qual soave Zinfonia?
D'al çor di Plutone,
L'ira depone.

PLUTON.

Un Mortel insolent, malgré la loy du sort,
Dans les royaumes de la mort,
Descend encor vivant & cause mes allarmes,
Aux armes, aux armes.

Le Tartare fremit,
L'Erebe gemit,
Cerbere mugit.
Dieux des Enfers, aux armes.

LE CHOEUR.

Aux armes, aux armes.

On entend une Simphonie tres-douce.

PLUTON.

Mais quels Chants remplis de douceur?
Quelle douce Harmonie
Chasse la barbarie
D'un cœur comme le mien ouvert à la fureur?

SCENA SECONDA.

ORFEO, PLUTONE.

ORFEO.

DOminator d'ell' ombre,
Al tuo ſoglio Amor m'invita:
Euridice è morta,
Ahi! dure pene?
O toglie mi la vita,
O rende mi al mio ben.

PLUTONE.

Troppo da te ſi prega,
Ma ſe amor lo vuol Pluto nol nega.
Parti: ma con tal patto,
Che non miri Euridice,
Sin ch' al regno del giorno
Il varco ti ſia fatto.

SCENE SECONDE.

ORPHE'E, PLUTON.

ORPHE'E.

Puissant Maistre des ombres,
A ton trône enflamé l'Amour conduit mes pas,
La charmante Euridice, helas!
A passé les rivages sombres ;
Rends-moy cet objet plein d'appas,
Ou par pitié donne-moy le trépas.

PLUTON.

Plus loin que ton espoir tu portes ta demande ;
Mais Pluton y consent si l'Amour le commande,
Pars, sors du tenebreux séjour.
Mais je pretens qu'une loy s'accomplisse,
Ne regarde point Euridice
Que tu ne sois rendu dans l'empire du jour.

SCENA TERZA.

ORFEO.

VIttoria mio cuore
Hà vinto amore,

Il riso il canto
Al duol succede,
Al dolce incanto
D'un vagho ciglio l'Inferno cede.

Segue il Ballo de numi infernali & spirti folletti.

SCENA QUARTA.

Vn' ombra fortunata.

AL' lampo
D'un bel volto resista chi puó;
Penetra il Ciel un vagho sembiante,
E dell' inferno stesso s'apre le porte.

Si ricommincia il Ballo.

SCENE

SCENE TROISIE'ME.

ORPHE'E.

MOn cœur chantez vostre victoire,
L'Amour est couronné de gloire,

Les ris & les chants,
A la douleur succedent,
Les Enfers cedent
Aux charmes de deux yeux touchants.

Entrée de Divinitez infernales & d'Esprits folets.

SCENE QUATRIE'ME.

Une Ombre heureuse.

SOûtienne qui pourra les traits & les éclairs
Qu'on voit partir d'un beau visage;
La beauté dans les Cieux trouve un aisé passage,
Et se fait même ouvrir les portes des Enfers.

On recommence la Danse.

SCENA QUINTA.

EURIDICE.

PEr piacer al mio ben ,
Amori volate mi in se ,
Fugite Martiri ;
Fugite sospiri ;
Non piu turbar dell'alma il bel seren.

Da Capo

SCENA SESTA.

ORFEO, EURIDICE.

Orfeo passa senza mirar Euridice.

EURIDICE.

DEh ! per pieta mira Orfeo chi t'adora.

ORFEO guardando Euridice.

Euridice. mio ben ti vedo ancora !

SCENA SETTIMA.

PLUTONE, ORFEO, EURIDICE.

PLUTONE.

FUgi temerario,
Gia che del decreto mio ,
Violasti la fé ,
Qui rimanga Euridice.

SCENE CINQUIE'ME.

EURIDICE.

POur plaire à l'objet qui m'enflame,
Amours, volez tous dans mon ame;
Fuyez peines, soûpirs, ne revenez jamais
De mon cœur amoureux interrompre la paix.

On recommence.

SCENE SIXIE'ME.

ORPHE'E, EURIDICE.

Orphée passe sans regarder Euridice.

EURIDICE.

JEtte, Orphée, un regard sur celle qui t'adore.

ORPHE'E regardant Euridice.

Chere Euridice enfin je vous revois encore!

SCENE SEPTIE'ME.

PLUTON, ORPHE'E, EURIDICE.

PLUTON.

VA, fuy loin de mes yeux,
Mortel trop temeraire,
Puisque des Dieux
Tu violes l'Arrest severe,
Qu'Euridice reste en ces lieux.

ORFEO.

Oh Dio!

PLUTONE.

Sù ch'un diligente ſtuol
Porti quel perfido
A riveder il ſuol;
Coſi Pluto lo vuol.

ORFEO.

O rigor! ô crudelta!

EURIDICE.

Crime d'amore merta pieta?

Demoni portamo Orfeo.

SCENA OCTAVA

PLUTONE.

Voi per fugar ſua noia.
Spirti d'Averno meſtrate la gioia.

Si canti, ſi goda,
Si balli, ſi rida,
Non ſi parli di dolor,
Doue ſplende la face d'amor.

CORO.

Si canti, ſi goda,
Si balli, ſi rida,
Non ſi parli di dolor.
Doue ſplende la face d'amor,

ORPHÉE.

O Dieux!

PLUTON.

Qu'une troupe rapide
De Demons empressez
Dans l'empire des airs reporte ce perfide;
Pluton commande, obeïssez.

ORPHÉE.

Quelle rigueur impitoyable!

EURIDICE.

Un crime de l'amour n'est-il point pardonnable?

Des Demons enlevent Orphée.

SCENE HUITIÉME.

PLUTON.

Esprits infernaux, en ce jour
Pour chasser le chagrin qui la presse,
Riez, chantez, dansez, montrez vostre allegresse,
Qu'on ne parle plus de tristesse
Où brille le flambeau d'Amour.

LE CHOEUR.

Rions, chantons, dansons, montrons nostre allegresse,
Qu'on ne parle plus de tristesse
Où brille le flambeau d'Amour.

SCENE NEUFIE'ME.

LEANDRE, ISABELLE.

LEANDRE.

IL est temps de partir, l'occasion est belle;
Tout conspire pour nous, & la mer & les vents,
Profitons bien de ces heureux moments,
Allons où l'Amour nous appelle.

FIN.

LE BAL,

DERNIER DIVERTISSEMENT.

Le Théatre représente une Salle magnifique, préparée pour donner le Bal.

Le Carnaval paroist conduisant avec luy une Troupe de Masques de differentes Nations.

LE CARNAVAL.

L'Hyver a beau s'armer d'Aquilons furieux,
Et fixer des torrents la course vagabonde,
En vain ses noirs frimats pour attrister le monde.
Dérobent le flambeau qui brille dans les Cieux.

Si tost que je parois je bannis la tristesse ;
J'ouvre la porte aux jeux, aux festins, à l'amour,
A mon départ le plaisir cesse,
Et pour mieux s'y livrer on attend mon retour.

Vous qui m'accompagnez montrez vostre allegresse
Par vos jeux par vos chants celebrez ce beau jour.

Les Masques commencent un Bal serieux.

LE CARNAVAL.

Je veux joindre à ces jeux une novvelle Danse,
Venez aimables enjoüments
Redoublez en ces lieux nostre réjoüissance
Par de nouveaux deguisements.
En ce temps de plaisir, le plus sage s'oublie,
Et permet un peu de folie.

On tire un rideau, & l'on voit arriver du fond du Théatre un Char magnifique traisné par des Masques Comiques, & rempli de figures de mesme caractere, qui se meslent en dansant avec les masques serieux

LE CARNAVAL.

Chantez, dansez, profitez des beaux jours,
L'heureux temps des plasirs ne dure pas toûjours.

LE CHOEUR.

Chantons, dansons, profitons des beaux jours,
L'heureux temps des plaisirs ne dure pas toûjours.

LE CARNAVAL.

La raison vainement voudroit vous interdire
Des passe-temps si doux,
Les moments que l'on passe à rire,
Sont les mieux employez de tous.

LE CHOEUR.

Les moments que l'on passe à rire
Sont les mieux employez de tous.

FIN.

www.ingramcontent.com/pod-product-compliance
Lightning Source LLC
LaVergne TN
LVHW010623110826
845149LV00003B/1026